Ramona Schilling

Mittelalterliche und moderne Ängste im Vergleich

Mit Beispielen aus der mittelhochdeutschen Epik und der Literatur des frühen 20. Jahrhunderts

GRIN Verlag

Bibliografische Information der Deutschen Nationalbibliothek:

Die Deutsche Bibliothek verzeichnet diese Publikation in der Deutschen National-
bibliografie; detaillierte bibliografische Daten sind im Internet über http://dnb.d-
nb.de/ abrufbar.

Impressum:

Copyright © 2013 GRIN Verlag GmbH
Druck und Bindung: Books on Demand GmbH, Norderstedt Germany
ISBN: 978-3-656-71227-5

Dieses Buch bei GRIN:

http://www.grin.com/de/e-book/278545/mittelalterliche-und-moderne-aengste-im-
vergleich

Thema 2: Modul II: Wissenskulturen und Wissensgeschichte
mittelalterliche und moderne Ängste im Vergleich - mit Beispielen aus der mittelhochdeutschen Epik und der Literatur des frühen 20. Jahrhunderts

Was sind Emotionen?
- sind Emotionen Universalien, unveränderbar konstant? Angst gleich Angst? oder sind sie kulturelle historisch bedingte Konstrukte? --> fächerbedingt kontrovers diskutiert
- für Universalien sprechen vor allem, psychologische, medizinische Theorien → Basisemotionen, die angeboren sind, sie sind kulturell und historisch übergreifend (Lachen, Weinen, Schmollen, Wut-Stirnrunzeln) → auch bei steinzeitlich lebenden Stämmen oder blinden Kindern
- keine Basisemotionen z.B. Entsetzen, Erstaunen, Neugier --> basieren auf Wissen und Erfahrung
- Ausdrucksformen unterliegen bestimmten Regeln, werden als Display rules in der Forschung bezeichnet --> (De Sousa) Schlüsselszenarien, bei denen die display rules erworben werden → wiederkehrende Handlungsmuster, Erzählungen und Einflüsse durch Literatur und Kunst
- zu starke Ausprägung der Emotionen gilt bei uns als Labilität → Maskierung oder Unterdrückung wird im öffentlichen Kontext gefordert, → Ausdruck der Emotion kann vorgetäuscht werden
- wovor man Angst hat, wovor man Angst haben darf, wie man Angst äußert, wie und wozu Angst geschürt wird usw. ist kulturell bedingt und dem historischen Wandel unterworfen
  - Emotionsregeln: welches Gefühl ist unter geg. Umständen erwartbar
  - Manifestationsregeln: in welcher Situation welches Gefühl gezeigt werden darf
  - Korrespondenzregeln: bestimmen welche korrespondierenden Emotionen angemessen sind
  - Kodierungsregeln: legt fest welche Verhaltensweisen in einer Kultur als Manifestation einer bestimmten Emotion gilt
- Gefühle können durch Sprache, Mimik und Gestik ausgedrückt werden --> Studien, dass Gefühle, die nicht sprachlich festgehalten sind nicht existieren (Amazonasindianer haben kein Wort für Liebe und auch das Gefühl nicht) --> je mehr Emotionen sprachlich artikuliert werden, desto individueller werden sie erfahren
- Wir sind auf metaphorische Redeweise angewiesen um Emotionen auszudrücken, Indiz für Kulturspezifität
- Gefühle sind nie alleine, sondern verstärken oder schließen sich aus
  - Freude <-> Angst
  - Ekel <-> Wohlempfinden
  - Stolz, Freude; Trauer, Angst
- Vernünftiges Handeln setzt eine funktionierende Emotionalität voraus

Begrifflichkeit Affekt, Emotion, Gefühl
- keine Einigkeit in der Forschung welcher Begriff der beste ist

- Affekt
  - Antike philosophisch und mittelalterlich theologisch belastet, Begriff der historisch festgemacht werden kann, nach Aristoteles → Affekt wird erlitten, überwältigt das Individuum, wird von Aristoteles Pathos → Leiden genannt
- Gefühl
  - lässt sich gegenüber Affekt deutlich abgrenzen
  - während Affekte von außen verursacht werden, bezieht sich ein Gefühl auf sich selbst --> „mein Gefühl"; verweist auf das Innere des Menschen (Kant)
  - erst spät philosophischer Begriff
  - Unterscheidung zwischen Gefühl und Emotion → Gefühl ist der Teil der Emotion, der bewusst als subjektiver Gegenstand erfahrbar ist
- Emotion
  - Emotion ist der weitläufigste Begriff
  - im historischen Wörterbuch der Philosophie kein Eintrag zur Emotion
  - ist man erst wütend und schlägt dann auf den Tisch oder passiert das gleichzeitig
  - hat jemand der auf einer einsamen Insel aufwächst gleiche Emotionen wie jemand der im sozialen Kontext aufwächst?

Emotionalität und Rationalität

- Begriffserklärung Rationalität: aus dem lateinischen ratio für (be)rechnen, im weiteren Sinne auch für Theorie, Lehre, Methode, Vernunft
- Als rational gilt, was durch Einsichten, Beweise, Begründungen hervorgebracht wird
- Begriffserklärung Emotion: vom lateinischen movere = bewegen, emovere = heraus bewegen, exmovere = in Bewegung setzten --> Emotionalität = sinnliche Bewegung und Erregung
- Antike
  - Emotion und Rationalität aneinander gebunden, keine Konkurrenz
- Mittelalter
  - Auch eng verbunden, Herz als Sitz gefühlsmäßiger und verstandesmäßiger Kräfte
  - In philosophischen Auszügen jedoch bereits Hierarchisierung von rationalen (höher eingestuft) und emotionalen Kräften
- Nach Aufklärung
  - Beziehung von Emotionalität und Rationalität widersprechen einander, Tradition immer noch andauernd, Geprägt von geschlechtsspezifischen Diskurs; Emotionalität weiblich, Rationalität männlich
  - Emotionale Befindlichkeit um 1800 vorderster Rang des bürgerlichen Wertekanons --> im Laufe des 19. Jahrhunderts wird Rationalität wichtiger
- Heutiger Stand: Verstand und Gefühl beeinflussen sich gegenseitig
  - o Rationalität von Emotionen
  - o Emotionalität von Rationalität

- o Emotionale und kognitive Informationsverarbeitungen sind
    gleichberechtigt
- Der Mensch befindet sich in einer Phase in der er nur noch mit reiner, nachweisbarer Physik argumentiert --> Eine nicht nachweisbare Seele wird somit für nicht existent gehalten
  - o Psychologie ohne Seele
  - o Psychologie in physikalischer Sprache
- Rationalität ist die einzige Geistesmacht der er vertraut, er ist stolz Rationalist zu sein
- Der Mensch glaubt an die Naturwissenschaften, alles übernatürliche ist nicht erlaubt --> braucht Beweise für die Existenz eines Gottes, da soviel Schreckliches auf der Welt passiert

Emotion und Rationalität im Mittelalter
- nach Nobert Elias 1936:
  - ➢ Trieb und Effektkontrolle in traditionellen Gesellschaften
    (z.B. Mittelalter) weniger ausgeprägt als in moderner Gesellschaften
  - ➢ Abhängigkeit und Angewiesenheit aufeinander ist so stark geworden,
    dass Kontrolle der Affekte notwendig wurde
  - ➢ Keine Trennung von privatem und öffentlichem Körper:
    Urinieren, spucken usw. erst in der Moderne als privat eingestuft →
    Körperfunktionen im MA deutlich weniger verborgen, weniger
    Beschränkungen
  - ➢ Keine Trennung von privatem und öffentlichem Raum:
    Schlafzimmer, Bad, WC nicht abgesonderte Räume, z.B. Urinieren wo das
    Bedürfnis da war
  - ➢ Keine Trennung zwischen intimen und öffentlichen Beziehungen:
    Besuchsempfang in den Schlafräumen, Betten miteinander teilen, Sex
    nicht hinter den Kulissen, In Hochzeitsnacht begleitet →Privatisierung
    erst in der Neuzeit

Definition der Angst
- althochdeutsch angest → eng bedrängt, bedrängend
- lat. angor → Würgen, angustia → Enge
  - Engegefühl charakteristisch, kommt auch in Alltagsmetaphern zum Ausdruck: Kehle zugeschnürt
  - Mangelnde Handlungsfähigkeit → Starre, kein Handlungsraum mehr
  - Steigerungen: Panik, Grauen --> Gehindertes Weg, gehinderter Fluchtdrang

Phänomenologie der Angst
- Angstspektrum von vitaler, leibnaher Angst über objektgerichtete Furcht bis zur diffusen Ängstlichkeit und Bangnis --> keine direkte Grenzen der verschiedene Zustände
- Angst in verschiedenen Intensitäten (unterschwellige Unruhe – Todespanik)
- Zeitlich nicht begrenzt → bezieht sich auf direkte Zukunft oder bis nach dem Tod

Grundstruktur der Angst
- Bangnis
  - wenn man nicht weiß wovor man Angst hat, ist keine Flucht möglich → Bedrohlichkeit wird auf die gesamte Umwelt ausgeweitet
  - Psyche richtet ganze Aufmerksamkeit auf Wahrnehmung einer möglichen Bedrohung → alle Vorkommnisse der Situation werden als feindlich gegen sich selbst gedeutet → Atmosphäre des Unheimlichen (ein nächtlicher Wald)
- Grauen
  - Weiterentwicklung der Bangnis
  - o Entsteht wenn sich eine unheimliche Atmosphäre um bestimmte Gegenstände verdichtet
- Angst und Phantasie
  - Angst nimmt Phantasie in Anspruch
  - Schritt 1: Verängstigte neigt dazu sich unbestimmte Katastrophe auszumalen und sich in seiner Umgebung vorzustellen
  - Schritt 2: strenge Unterscheidung zwischen Wahrnehmung und Phantasie verschwimmt aufgrund der Angst, Angst neigt zu Illusionsbildung
  - Schritt 3: Modifikation von unbestimmter phantastischer Angst zu konkretisierter Furcht
  - Beispiel: man sieht im dunklen Wald Schatten --> Schatten werden immer bedrohlicher → Furcht vor Schatten
- Die Angst versucht immer zur Furcht zu werden → Ausbildung von Phobien sind abgeschwächte Formen der Angst

Biologische und anthropologische Grundlagen
- emotionale Reaktionen wie Herzklopfen, Schweißausbruch, muskuläre Anspannung, gesteigerte sensorische Aufmerksamkeit --> Warnsystem zur Selbsterhaltung
- Funktionen sind für soziale, existenzielle Gefahren in der Moderne eher unbedeutend geworden

Funktionen der Angst
1. Angst bei Neugeborenen ist Anzeigesystem für Verlust der Nähe zur Bezugsperson, die sich um das Baby kümmert
2. Funktion der Angst als Regulation des Verhaltens in der Gesellschaft
   - Angst bei Bedrohung des Selbstwertgefühls, des Rangs in der sozialen Gruppe, bei drohendem Verlust des Schutzes der Gemeinschaft
   - da man davor nicht fliehen kann, entsteht Angst --> Hauptursache für klinische Angststörungen
3. Fähigkeit der Imagination verstärkt Angstgefühle
   ➢ Durch Fähigkeit sich Gefahren in der Zukunft vorstellen zu können (Krankheit, Verluste, Trennungen, Tod) wird Angst zu einem alltäglichen Gefühl
   ➢ Durch Vorstellung einer schon erlebten Gefahrensituation, kann sich auch Angst vor der Angst entwickeln
4. Angst ist Spielraum der Freiheit
   ➢ Mensch ist einziges Lebewesen welches sein Leben „verfehlen" kann --> Ursache der existentiellen Angst
   ➢ Ist aber auch einziges Lebewesen, das durch kulturelle Entwicklung Angst bekämpfen und sich seinen Ängsten stellen kann

Einzelne Formen des Angsterlebens
1. Vitale Angst/Todesangst
   ➢ wird durch akute Lebensbedrohung ausgelöst --> Atemnot, Massenpanik, Herzinfarkt
   ➢ ist instinktivste Angst --> erzeugt im höchsten Maße Kontrollverlust (blinde Angst), keine Rationalität mehr

2. Raumängste
   ➢ Angst vor Trennung von Leib und Raum --> zeigt sich in raumbezogenen Phobien
   ➢ Agoraphobie --> Angst vor weiten Räumen
      → Ursache: Wunsch nach Selbstrealisierung, der eigenen Moralvorstellungen widerspricht
   ➢ Klaustrophobie --> Angst, dass der Raum den Leib einengt --> löst Fluchtimpuls aus, der durch natürliche Barrieren behindert ist
      → Ursache: Verlust der Wahl- und Entfaltungsmöglichkeiten in einer einengenden Lebens- oder Beziehungssituation
   ➢ Höhenangst --> Gefühl, dass der Blick in die Tiefe den Leib runter saugt

3. Soziale Ängste
   ➢ vergleichbar mit Raumängsten, nur, dass es sich um Trennung von Leib und sozialem Raum handelt
   ➢ Verlust des Kontaktes mit der Gruppe, kam in der Urzeit einem Todesurteil gleich --> extreme Angstreaktion
   ➢ Zeigt sich bei kleinen Kindern schon in Angst vor Alleinsein/Dunkelheit

4. Existentielle Ängste
➢ werden durch das Bewusstsein über Sterblichkeit und durch selbstreflektierende
Freiheit/Wahlmöglichkeit gebildet --> Unterscheidung in
   a. Existentielle Beunruhigung = Angst vor dem Verfehlen
      → wird durch Offenheit und Ungewissheit von Lebensentscheidungen
      hervorgerufen
      → wird durch zu hohe (ideale) Selbstansprüche genährt
   b. Angst vor Selbstwerdung = Angst vor Wahrnehmung der Lebensmöglichkeiten
      → geht mit Individualität zusammen --> wird als Vereinsamung
      wahrgenommen
      → entspricht der räumlichen Agoraphobie
   c. Angst vor lebensentscheidenden Situationen
      → Entspricht der räumlichen Klaustrophobie
      → man versucht Entscheidungen zu treffen, die den Lebensentwurf
      möglichst lange in der Schwebe lassen
   d. Daseins – oder Weltangst
      → man hat das Gefühl trotz Menschen alleine zu sein, da Mensch auf der
      Erde alleine im Weltall ist
   e. Todesangst – Angst vor Auflösung oder Verlöschen des Selbst
      → vor dem Verlust aller Beziehungen, aller Möglichkeiten = Angst vor
      Ausweglosigkeit
   f. Psychotische Angst vor der Auflösung/Untergang des Selbst durch Überflutung
   von Gedanken, Bildern, und Impulsen
      → Angst vor Verwischung der Grenze Ich – Welt --> wird bei LSD und
      anderen Drogen erreicht

Angst nach Freud
• Freud unterscheidet in neurotische Angst und Realangst
   ➢ Realangst ist objektbezogen, ähnelt der Furcht und setzt den Körper in einen
   Flucht oder Verteidigungsmodus
   ➢ Neurotische Angst schwebt im inneren vor sich hin und kann sich an alles
   „anheften" --> als innere Angst wird sie wie äußere Furcht behandelt
   ➢ Abschwächung der Angst: In ausweglosen Gefahrensituation, stellt sich der
   Mensch ähnliche Situationen vor, um in der aktuellen Lage ähnlich zu handeln
      → in der Hoffnung, deren Ablauf selbsttätig leiten zu können
   ➢ Freud unterscheidet in äußere und innere Angst
      → bei äußerer Gefahr, flieht das Lebewesen (räumliches weglaufen)
      → bei innerer Gefahr besteht das Weglaufen durch
      Verdrängungsmechanismen
• panische Angst = gefährliche Situation auch bei Fehlen äußerlich erkennbarer Ursache
• Angstbewältigung: eine passiv erfahrene Situation der Ohnmacht in eine aktive
Handlungsmöglichkeit verwandeln.
• Das Objekt der Furcht muss im Handlungsspielraum des Menschen liegen

Theologie der Angst
- spannungsreiches christliches Weltbild
  - ➢ 1. Weltvorstellung: Gott hat geordnete Welt geschaffen --> mit Gott gegebener Vernunft kann der Mensch die Welt begreifen --> angstfreie Welt
  - ➢ 2. Weltvorstellung: durch Sünden gibt es Ungerechtigkeit und Leid auf der Welt, Frommen müssen Angst vor Gewalt haben, Gott wird Gerechtigkeit walten lassen und die Erde zerstören (Tag des Jüngsten Gerichts) --> nur die Frommen kommen ins Jenseits --> angsterfüllte Welt
  - ➢ frühe Kirche kombinierte Weltvorstellung: Jeder Mensch muss vor Gericht --> Entscheidung wer in den Himmel kommt; Hoffnung wandelt sich in Angst --> begrenzter Platz im Himmel --> Angst nicht vor Gericht zu bestehen
  - ➢ Ambivalente Religion
    - → Angstlindernd --> Rettung vor Abgrund
    - → Angstfördernd --> Beschreibung des Abgrunds
  - ➢ durch Modernisierung der Welt verliert Kirche/Religion an Autorität --> Religion ist nur eine von vielen Sichtweisen Welt zu erklären
- Martin Luther: Angst und Rechtfertigung
  - ➢ Wie finde ich gnädigen Gott --> Führt zur Angst diesen Gott nicht zu finden
  - ➢ Jesus ist für die Sünden der Menschen gestorben --> Glaubt der Mensch daran, wird ihm für die Sünden vergeben --> keine Angst mehr
  - ➢ Glauben wird individualisiert --> jeder einzelne steht vor Gottes Gericht nach dem Tod
  - ➢ Kirche kommt keine Heilskraft zu, kein Ablasshandel mehr --> Angst kann durch Glauben/Ehrfurcht vor Gott bezwungen werden --> "Fürchte Gott und du musst die Welt nicht fürchten"
- Säkularisierte Geschichte
  - ➢ Menschen wollen immer mehr Freiheit für ihre Handlungen --> Menschen realisieren, dass sie ihre Geschichte lenken, nicht Gott
  - ➢ neue Freiheit führt von Kirchenkritik über allgemeine Religionskritik bis hin zu gottlosen Gesellschaftsordnungen

Psychologie der Angst
Muster der psychologischen Angst
- durch allgemeingültige Grundannahmen kann ein Muster entwickelt werden
  1. Die Angst ist objektlos und unbestimmt
  2. Die Furcht hat ein real gefährliches Objekt
  3. Die Furcht entspricht normaler Angst
  4. Die pathologische Angst äußert sich unabhängig von realer Gefahr

Die Funktion der Gefahr
- Angstforschung beschäftigt sich mit der durch Furcht und Angst signalisierten Gefahr
- Mensch ist eigentlich „instinktarm" → Furcht als Instinkt aber sehr ausgeprägt

Angst, Umwelt und Organismus in der frühen Neuropsychologie nach Kurt Goldstein

- Erlebnis der Gefährdung der eigenen Person führt zu Angst
- Furcht = Gefährlichkeit einer Situation
- Angst ist nicht mehr objektlos und unbestimmt
- Furcht
  - ➤ richtet sich auf ein klar identifizierbares Objekt (mögliche Maßnahmen: entgegentreten, beseitigen, fliehen)
  - ➤ man kann sich zum Objekt bzw. zur Relation zum Objekt verhalten, weil man sich der Ursache für das eigene Erleben bewusst ist
- Angst
  - ➤ ist nur auf der Erlebensebene objektlos
  - ➤ hat keinen Erfahrungsinhalt im üblichen Sinne
- Furcht ist die Vorstufe einer möglichen Angst
- Vor Angst kann man nicht fliehen, da sie von keinem direkten Ort kommt
- Ursache: körperlich/psychisch verursachte Störung des Zusammenspiel von Organismus und Umwelt
- Wenn adäquate Reizverwertung gestört oder gar unmöglich wird, entsteht Angst
- Neue Situationen ängstigen auch gesunde Menschen → Neue Aufgaben = der Organismus muss erst lernen die Reize richtig zu verarbeiten → Missverständnisse führen zu Angst
  - ➤ Kind: Gesichtsausdruck des Entdeckens ist dem des Angsthabens sehr ähnlich

moderne Ängste

- medizinische Angstforschung: Unterscheidung normale Angst und pathologische Angst (Angststörung)
- Normale Angst
  - ➢ existentielle Grunderfahrung als Bestandteil des menschlichen Lebens, dient als biologisch angelegtes Reaktionsmuster der Wahrnehmung, Bewältigung und Vermeidung von Bedrohungen
  - ➢ Realangst → richtet sich auf gefahrvolle Umwelt (Auto fährt auf einen zu)
  - ➢ Vitalangst vor Krankheiten (Krebserkrankung)
  - ➢ Bei Realangst ist Ursache auszumachen und realistisch. Kognitiver Gehalt: Das Auto auf sich zusehen kommen, um Folgen des Krebses wissen, Wahrnehmen der Realität, Reagieren als Umsetzung des Wissens, Leben erhaltend, leben schützend --> im Prinzip positive Emotion
- Pathologische Angst (Angststörung):
  - ➢ Gruppe von Störungen. Exzessive Angstreaktionen bei Fehlen einer bedrohlichen Situation.
  - ➢ Andere Umstände und Folgen der Angstreaktion → Verkennen der Realität

moderne Angst allgemein

- dreifache Ohnmachtserfahrung: Entzug von Geschichte, Körper und Jenseits als Angstquellen --> Abdanken der Religion als Begründung für bestimmte gesellschaftliche Strukturen und Weltentwürfe --> der Mensch verliert das Zentrum seiner Angstbearbeitung
- durch Säkularisierung und Fortschritt der Technik gibt es seit der frühen Neuzeit viel weniger konkrete/reale Furchtanlässe, aber neue Angst-Konstellationen
- Moderne ist bestimmt durch Beschleunigung, Kontingenz und Komplexität --> Mensch gewinnt viele Freiheiten dazu, erlebt aber neue Verunsicherung, die er verarbeiten muss --> Wirklichkeitsverlust, Totalitätserwartung, Möglichkeitsoffenheit --> Rückgang der Furcht vor Mächten der Außenwelt, aber Wachstum der inneren Angst
- moderne Angst entsteht durch zwei parallele Bewusstwerdungsprozesse
  - ➢ moderne Welt ist zu komplex geworden, um sie als sinnvolles Ganzes begreifen zu können
  - ➢ alle kontinuitätsstiftenden Narrative (Politik, Moral usw.) haben nur einen vorläufigen Charakter
- Tod ist nicht mehr religiöse Finalität sondern eine Unvertrautheitszone
--> Doppelsinnigkeit der Moderne: Freiheit und Produktivität vs. angstinduzierte Sehnsucht nach Selbstverständlichkeit, Überschaubarkeit und Sinnhaftigkeit
- Angst im Jahr 2000 ist die Angst vor der Angst
- kennzeichnend ist eine große Distanz (Atomkraft/Finanzkrise) die durch Medien minimiert wird --> Angst gekoppelt an Medien macht diese sichtbar
  - o NUR moderne Kulturen zeichnen sich durch produzierte/mediatisierte Angstkonjunkturen aus → traditionelle Kulturen haben „echte" Ängste
  - o Beispiel: Horrorfilme

- Unbestimmte Angst entstand erst mit der Aufklärung → Produkt der Modernisierung

Angst und Freiheit
- Mensch sieht Freiheit als Ur-Recht an, kann bestimmen und tun was er will, sich selbst verwirklichen
- persönliche Freiheit muss gesellschaftlicher Freiheit untergeordnet werden --> Freiheit des Einzelnen darf Freiheit der Gruppe nicht gefährden
- Menschen geben ein Stück Freiheit auf, begeben sich in sichere Kollektive (Ausbildungen), um persönliche Sorgen (=Angst vor der Zukunft) gegen persönliche, private Freiheit zu tauschen

Angst vor der Zukunft/Fortschrittsangst
- Mehrheit der Menschen hat Angst vor negativen, schlimmen Dauerzuständen
  o Trotz alles technischen, sozialen, medizinischen Fortschritts, stellt sich der Mensch die Frage nach dem Sinn, beantwortet oder verändert er doch nicht den Sinn des Lebens
  o Fortschrittskepis --> Fortschritt sollte Qualität aufweisen, nicht Quantität
- Fortschritt ist unendlich, es DARF kein Ende geben --> Neuer Ersatzgedanke für „Leben nach dem Tod"?
- Fortschritt ging immer mit Kriegen einher: Folter, Krieg, Überwachung wird mit Fortschritt einfacher, effektiver, schneller oder gar erst möglich
- Der moralischer Fortschritt ist weitaus langsamer als der technologische --> Mensch kann technischen Fortschritt nicht kontrollieren (Atombombe)
- neuen Angst: technisch – industrielle Fortschritt zerstört natürliche Lebensgrundlage des Menschen unwiederbringlich --> ohne Atombombe/Krieg, allein durch Wachstum der Wirtschaft/Bevölkerung
- Umweltangst: Angst, dass exponentielles Wachstum der Menschheit die Erde zerstört, dass Ressourcen knapp werden, alles wird (Aufgrund der Wirtschaftssysteme) teurer, knapper --> Begründet Angst, man muss Geld verdienen, damit man bessere Chance hat und privilegierter ist
- Grund: Mensch sieht sich als Krone der Evolution; die Erde ist sein Eigentum und nicht das von Gott --> macht damit was er will --> vor der Aufklärung: Natur wurde aufgrund von Religion mehr geachtet (Naturgottheiten) --> Säkularisierung schürt Phänomen der Angst
- Mensch ist zukunftsdenkend --> da Zukunft immer ungewiss ist, versucht er durch soviel Vorsorge wie möglich dem entgegen zu wirken
- durch Verlangen Zukunft besser einschätzen zu können, ist immer darauf bedacht schneller Informationen zu erhalten, neue Techniken zu entwickeln

Angst vor dem Altern/Tod
- in heutiger Produktionsgesellschaft ist Rentner nicht mehr angesehen, weil er nicht arbeiten kann --> verliert „Wert" für die Gesellschaft und „kostet" nur noch
- Lebensgier und Todessehnsucht

- ➤ Mensch hat Angst vor Sterben --> Angst etwas verpassen zu können; Neid, dass andere reichere Erfahrungen gemacht haben --> je mehr passiert, desto mehr Leben wir: DAS soziale Problem bei Facebook?!
- ➤ durch exzessives Lebenwollen wird Tod als ein Teil des Lebens ignoriert --> gehört nicht mehr zum Alltag; nicht, nur die Anderen aus Fernsehen und Zeitung sterben --> gesteigerte Angst vor dem Tod seit Mittelalter

Angst vor allem und jedem
- Ein paar aktuelle Beispiele (Zeitraum 2011 – 2008/07 – original Meldungen)
  - o Airbag als Todesfalle (ADAC)– falsch eingebaute Kindersitze
  - o Alzheimer durch Gänseleberpastete – Forscher haben in Stopfleber verdächtige Substanzen gefunden
  - o Bakterien aus dem Duschkopf – Es wird geraten, das erste Wasser nicht ins Gesicht zu Spritzen
  - o Drucker verunreinigen die Luft – Feinstaub „Die Folgen für den Menschen seinen derzeit nicht absehbar"
  - o Hochspannungsleitungen erhöhen Alzheimerrisiko
  - o Millionen Tote durch Umweltverschmutzung – (WHO) 1,8 Millionen Todesfälle in Europa durch verseuchtes Trinkwasser, fehlende Sanitäranlagen, Luftverschmutzung
- Zeitungsartikelgröße/Anzahl korreliert nicht mit der „Gefahr des Inhaltes"
- Panikpotential ist nicht von Ursache abhängig --> Mensch macht keinen Unterschied zwischen Killer-Jeans und Killer-Asteroid --> Erzeugung irrationaler Angst
- Existenz einer Gefahr betonen (Skandal: Arsen in Kindertaschentüchern) aber keine konkreten Fakten/Zahlen/Grenzwerte nennen
- Konjunktiv verwenden -- > es könnte was passieren
- Einheiten: Bsp: Ein Pfund Butter = 500g = 0,0005 Tonnnen = 500000 µG → Es gilt nur wie viele Nullen vor oder nach dem Komma stehen
- Erwähnung von Relationen → Kaffeetrinken erhöht das Risiko von xy um 10%
- Herdentrieb: Vertrauen auf das Urteil der anderen, Orientieren an der Mehrheit, ist genetisch vorgegeben und stärker als die individuelle Meinung --> irrationale Angst verbreitet sich
- Angst als Kaufgrund → man macht Menschen Angst, damit er etwas kauft (Alarmanlagen)
- Trotz der Verbesserungen (weniger Schadstoffe, saubere Flüsse, mehr Wohlstand, bessere Medizinische Versorgung) hat der Mensch heute mehr Panik und Angst als je zuvor
- Der Mensch hat immer mehr Angst vor Kleinigkeiten
- Je sicherer das Leben bzw. je geringer das Risiko desto kleiner ist die Schwelle um Angst zu haben (abgleitet aus dem Weber – Fechner'schen Gesetz)

Angst und Evolution
- Angst ist angeborener Überlebensinstinkt --> neuseeländische Vogel Moa ließ von Hand fangen (keine Angst) und schmeckte gut --> Ausgestorben

- Mensch lernte durch Evolution sich nicht zu vergiften, allerdings mussten dafür Menschen sterben, die sich trotzdem am Wasser mit toten Fischen probiert haben
- Problematisch ist, dass wir heute sehr viel kleinere Mengen an Schadstoffen nachweisen können
- Evolutionär ist auch, dass wir in Gefahrensituationen erst handeln und dann nachdenken
- Der Mensch bewertet Gefahren nicht rational sondern Aufgrund von Erfahrungen / Wissen --> Mord oder Selbstmord?
- Krebs ist, aufgrund steigender Zahlen, zur allgegenwärtigen Angst der Gesundheit geworden
  - ➢ durch neue Technologien werden immer mehr krebserzeugende Stoffe gefunden
  - ➢ Angst vor Krebs ist rein künstlich: menschliche Körper ist, evolutionär bedingt, nicht darauf ausgelegt 70 – 80+ zu werden --> Anzahl der Krebspatienten steigt (z.b. weil Giftstoffe mehr Zeit haben zu wirken)

Ängste in Mittelalter und Aufklärung
Mittelalter
spontane Ängste

- Gesundheitliche Risiken, Mütter vor der Geburt, Kinder können vor Eltern sterben, Ängste am Arbeitsplatz, Naturkatastrophen, Verkrüppelung, Angst vor Einsatz von Leib und Leben im Kampf

Funktions- und Deutungsmuster Ängste

- Angst vor Sünde, Versuchung, Kirchengericht, Zorn Gottes, Angst als Mittel der Herrschaftssicherung, Finsteres Mittelalter gab es nicht, Bild hängt mit diesem Angstpanorama zusammen
- Im Mittelalter war Angst = rechte Angst, wenn diese zur Tugend und Gott führt und nicht übermäßig groß ist
- Obwohl im 12./13. Jahrhundert viel „Angst" vorhanden sein müsste, taucht das außerhalb von religiösen Texten kaum auf --> Gründe:
  - → Angst vor weltlichen Dingen zeugt von mangelndem Gottvertrauen
  - → Erkennen von Gott führt zu Gottesfurcht aber auch zur Furchtlosigkeit von weltlichen Dingen
  - → Kirche bot Menschen Ziele gegen die Angst: Juden, Ketzer, Frauen

Gottesfurcht

- timor dei: Gottesfurcht, die nur dann wirklich ist, wenn sie bedeutet, dass man Angst hat, die Ehre Gottes zu verletzten und nicht nur aus Angst vor einer möglichen Strafe
- Angsterzeugung als terror militaris ähnlich wie timor dei, ist ein Mittel zur Durchsetzung gerechter Herrschaft
- Pest, Krieg, Hungersnöte erzeugen Angst (man weiß nicht woher sie kommen) -> Kirche als Institution bietet Mensch „Objekte" zum Fürchten–> Juden, Ketzer, Hexen
  - o Furcht wird erzeugt, weil permanente Angst Ich zersetzt
  - o zuvor Unnahbares wird in den Bereich des Handelns gerückt
  - o falsche kausale Zusammenhänge (Hexen sind für nichts verantwortlich)

Die Angst vor der Not

- Angst vor Mangel war „gemeinsame" Angst, da es alle betraf
  - ➢ Lehnsherr hatte (christliche) Verantwortung seine Untertanen zu ernähren -- > keine Einsamkeit
  - ➢ Hungersnot --> Kirche gab Geld für Getreide, „...unser täglich Brot gib uns heute" --> Menschen haben sich, aus Angst vor Hunger, an Gott gewandt
- Not (Angst) geht mit sozialer Einsamkeit einher --> Menschen die ihre Familien verlassen hatten (Landflucht) konnten auf keine Solidarität bauen --> Gründungszeiten von Hospizen

Die Angst vor dem anderen
- Angst von Invasoren = Angst vor dem Unbekannten, teilweise durch christliche Ansichten dramatisiert --> Reich Gottes kommt erst, wenn alle Ungläubigen Tod oder bekehrt sind
  Europa im MA sehr vereint --> ein christliches Volk, Gemeinschaft --> keine Angst

Die Angst vor der Seuche
- Medizin war im MA nicht weit entwickelt --> unbekannte Krankheiten wurde durch Religion/Gott behandelt --> Körper entwickelt automatisch Abwehr --> Menschen dachten beten hilft
- Menschen brauchen immer einen „Verantwortlichen" wenn etwas Tragisches passiert --> Typisches Verhalten bei Angst: man zieht sich zurück, beschuldigt den Fremden
- Vergleich Lepra – Aids: Früher hatte man Angst vor Lepra, galt als Zeichen der sexuellen Begierde, des verdorbenen Charakters; in 80igern war Aids Krankheit der Homosexuellen und Drogenabhängigen --> Angst, wurden ausgestoßen

Angst vor dem Jenseits
- Im MA wurde Tod als Übergang ins Jenseits gefeiert --> Tote waren allgegenwärtig, --> es war nicht im Bewusstsein verankert, dass etwas endlich sein könnte --> weniger Angst davor
- Einzige Angst vor dem Jenseits im MA war Angst vor dem Jüngsten Gericht
- Höllengedanke war im MA allgegenwärtig --> Angst vor Bestrafung durch Sünden wurde mit Beten, Bußen kompensiert
- Menschen im MA hatten keine Angst vor dem Aussterben des Menschen --> glaubten Mensch geht durch Jüngstes Gericht in ein anderes Dasein über
- Heute hat Mensch Angst vor eigenen Existenz, weiß, dass Arten aussterben können

vor der Aufklärung: Naturfurcht
- Menschen hatten keinen Sinn für die Schönheit der Natur (Meer, Gebirge)
- Naturfurcht begründete sich auf übernatürliche Macht in oder hinter natürlichen, aber nicht verstandenen Vorgängen --> diese Macht konnte über die Natur bestenfalls beeinflusst werden.
- Natur war Sprachrohr zwischen Mensch und Gott, mit schwindender Gottesfurcht schwindet auch Naturfurcht
- Naturgewalten wurden immer mit übernatürlichen erklärt --> Kirche interpretierte Erdbeben, Gewitter, Seuchen als Zeichen Gottes

Aufklärung
- Bild setzt sich durch, dass Welt nach rationalen Gesetzen funktioniert --> Mensch muss sich neue „Furchtobjekte" suchen
  - ➤ Aufklärung hat Angst geschaffen
  - ➤ Rückgang der Furcht vor vermeintlichen Mächten der Außenwelt entspricht Wachstum innerer Angst

- durch Fortschritte der Wissenschaft kommt es zu Neubewertung der Natur als Furchtobjekt --> Menschen machen sich die Natur zu Nutzen und haben keine Furcht mehr davor
- Bürgertum entsteht, das mehr auf Leistung/Wissen setzt --> Furcht wird als grundsätzlich schädlich gesehen, kann sogar unangemessen und absurd sein
- gleiche Bewusstseins – und Psychostrukturen, die uns Natur beherrschen lassen, sind Quelle innerer Ängste
- Innere Ängste sind durch psychologischen Wandel entstanden, der sich aufgrund der sich ändernden Lebensweise vollzieht:
  - ➢ Kalkulation/Rationalisierung der Lebensvollzüge
  - ➢ Wachsende Selbstdistanz, (innerer) Kontrolle und Modellierung des Verhaltens
    - → Angst sich nicht mehr kontrollieren zu können
    - → Gewissens – und Schuldangst (bei biologisch begründbarem Verhalten)
- Angst vor der Nacht, durch elektrisches Licht ausgelöscht

Angst in der Literatur

- ab 1800 entwickelt sich Angst (ausgehend von den Gothic Novels) zu zentralen Thema deutscher Literatur
- doppelte Struktur von Angst in der Literatur
  - ➢ Bilder der Angst als Reaktion auf Ängste und Wertungsnormen der jeweiligen Epoche
  - ➢ Literatur bietet durch ihre Distanz Chance, nicht nur Angst, der man ausgesetzt ist zu spiegeln, sondern auch Wertungen der Angst zu verschieben, Angstnuancen hinzuzufügen und neue Bewältigungsstrategien der Angst zu entwerfen --> ist aber Normen der ästhetischen Repräsentation unterworfen, je nach Zeit, Kultur und Gattung verschieden
- diffuse Angst tritt in älterer Literatur in den Hintergrund
- dreifache Abgrenzung der Emotionsforschung
  - → Gefühl einer Person der Alltagswelt
  - → alltagsweltliche Ausdruck des Gefühls durch körperliche Zeichen (Tränen, Schreien, Zittern), verbale Äußerungen und Handlungen
  - → textuelle oder bildliche Darstellung eines Gefühls

Mittelalter

- im Mittelalter ist jeder, was seine Oberfläche zeigt, nur bestimmte Typen sind vertreten, keine Individualität (sondern weiser König, guter König, tapferer Ritter usw.)
- 3 Handikaps:
  - ➢ Angst als zentrales Thema kommt in mittelhochdeutschen Epik nicht vor → obwohl im Mittelalter zahlreiche Ängste herrschten
  - ➢ docere et delectare → ängstlicher Held unterhält weder, noch belehrt er --> ist des Pergaments nicht würdig
  - ➢ keine Darstellung des inneren Seelenlebens --> Angst erscheint nicht diffus sondern ist an punktuell greifbare Gegenmacht gebunden -->Anlass hat zwar Auswirkungen auf Innenwelt, gezeigt an körperlicher Reaktion und nicht am Innenleben

Moderne

- Trauer wird häufig durch Schweigen/Nichtsagen ausgedrückt
- Metaphern sind oft benutzte Möglichkeit, um sich nicht vermittelbarem Grauen (Holocaust) anzunähern und Angst auszudrücken
- Wichtige sprachliche Mittel zur Realisierung von Erlebensbeschreibungen sind u.a.:
  - ➢ der Gebrauch erlebensdeklarativer Formeln (EDF)
  - ➢ feste metaphorische Wendungen
  - ➢ der metaphorische Gebrauch von Ausdrücken
- EDF
  - ➢ Ich fühlte X, ich empfand X, ich hatte das Empfinden X, es ging mir X
  - ➢ In diesen „Formeln" können stehen
    - ▪ erlebensbenennende Ausdrücke

→ Ich fühle mich verängstigt, deprimiert, froh
- Kurzvergleiche
  → ich fühle mich leer
- mit *wie* oder *als ob* eingeleitete Vergleiche oder Bilder
  → Ich fühlte mich wie ein Sonnenkönig, als ob mir der Boden unter den Füßen weg glitt
- feste metaphorische Wendungen
  ➢ Es kocht in mir
  ➢ Du treibst mich auf die Palme
- metaphorischer Gebrauch von Ausdrücken
  ➢ Ich hänge durch

<u>Regeln der emotionalen Kommunikation zwischen Autoren und Leser</u>
1. Texte evozieren Angst, wenn Sympathieträger vom Tod bedroht sind
2. Texte evozieren Mitleid oder Trauer, wenn Sympathieträger sterben (Romeo und Julia)
3. Texte evozieren Genugtuung, Erleichterung und Freude Antipathieträgern sterben (Tod der Hexe in Hänsel und Gretel)
4. Texte evozieren Empörung, wenn Sympathieträger sterben und Antipathieträger nicht sterben (Schneewittchen)

Literaturgeschichte der Angst als Diskurs- und Literaturgeschichte ab ca. 1800
- Literatur kann Angst auf verschiedene Weise reflektieren, helfen die gesellschaftlichen Veränderungen zu verstehen und zu bewältigen
- Literatur über Angst kann zur (weiteren) Verängstigung ihrer Leserschaft führen --> Ziel der Angstlust – Genre (Horror)
- Angst muss in Literatur unter drei Gesichtspunkten behandelt werden
  o Prozessierung innerhalb des Textes
  o die dabei beobachtenden ästhetischen – narrativen Verfahren
  o Austausch zwischen literarischem Text und soziokulturellem Kontext
- Formen der Angstvermittlung
  o Literatur vermittelt Angst, indem sie Situationen (be)schreibt, die soziale, politische und ästhetische Selbstverständlichkeiten und Denkmodelle des Lesers außer Kraft setzen
  o Vermittlung der Angst mit Hilfe standardisierter Bedrohungsszenarien z.B. klassische Detektivgeschichte
- literarische Angst in Form von Spielformen und Intensitätsniveaus (plötzlicher Schrecken, schleichende Unheimlichkeit, diffuse Erwartung)
  ➢ man sucht Sinn hinter Handlungen
  ➢ zeigt impliziertes gesellschaftliches Wissen des Lesers

Um 1800: Literarische Angst in der schwarzen Romantik
- Angst ist zentrales Thema der schwarzen Romantik

- Berichtet, durch Fortschritte in der Psychologie, von Unsicherheit und Entfremdung des Individuums in der Moderne
- schwarze Romantik
  - o rationalkritische, intellektuelle Haltung KEINE Epoche
  - o Vorliebe für „Nachtseiten" der Vernunft, ästhetische Schocks, Gewalt, Wahnsinn
- entstand aus den Gothic Novels
- häufig benutze Schemata: alte, verfallene Burgen, dunkle Wälder, finstere Gassen
- Warum kam die Angst in die Literatur?
  - ➤ Theorie I: Abbau der realen Ängste durch Fortschritt und Beherrschung der Natur (anthropologischer Ansatz)
  - ➤ Theorie II: Ausdruck krisenhafter Zeit kultureller Umbrüche (kulturgeschichtlicher Ansatz)
    - → Wird durch franz. Revolution begründet → Vernunft, friedliche Koexistenz im Bürgertum ist nicht möglich
    - → Revolution zeigt Welt als nicht rational erfahrbar und kontrollierbar
- Auflösung von Machtstrukturen zerstört Ordnung → entwickelt diffuse Angst
- Angst erwächst aus „Grauen vor dem Unbekannten" → zutiefst verunsichertes Ich muss sich in einer neuen Welt zurecht finden
- Angstbilder (Hexe, Teufel) werden nur noch anzitiert
- Geschichten behandeln innere Konflikte --> neue Furchtobjekte durch Wegfall der Gottesfurcht
- Schauerroman: Wie kann es trotz Vernunft als quasireligiöse Nachfolge der Religion weiterhin zu unvernünftigen Handlungen wie Gewalt, Verbrechen, Wahnsinn kommen?
  - o Entwicklung eines „bösen" Doppelgängers, der die schlechten Eigenschaften beinhaltet („The Strange Case of Dr. Jekyll and Mr. Hyde)

Um 1900: Die Kulturkritik der Angst
- Zweite große Angstkonjunktur durch ersten Weltkrieg, sowie zunehmender Industrialisierung → Gefühl der Entfremdung mit der Welt steigt
- Subjekt wird mehr und mehr aus seinen sozialen, technischen und kulturellen Weltbezügen herausgerissen
- Malte Laurids Brigge: Zeigt die Stadt als Quelle psychologischer und physiologischer Ängste → etabliert Angst literarisch als modernes Grundgefühl
- durch Entsagung der Jenseitshoffnung, wird Tod, dessen Sinn und die Verdrängung zentrales Thema → Tod wird zunehmend nüchterner betrachtet
- Vernunft wird wieder diskreditiert → Bewusstsein wird verunsichert, Mensch fühlt sich psychologisch alleine in der Welt (keine Religion, keine Rationalität)
- Nach 1900 vermischen sich literarische Angstfelder und erzeugen Bewusstsein, das nicht mehr an die Vernunft glaubt → emotionale Signatur dieser modernen Kultur- und Gesellschaftskritik ist der Expressionismus

- Typisch für Zeit nach 1900 ist parallele Thematisierung von Angst in Philosophie, Psychologie und Literatur wobei es zu Verstärkungs- und Abschwächungsmechanismen kommt
  - hauptsächliche lyrische Themen des Expressionismus sind Triebschicksal (durch Freud inspiriert) und Großstadt (Angst vor Technik), sowie sexuelle Entmachtung des Mannes in Verbindung einer Femme fatale
  - Kafka beschreibt nie direkt die Angst sondern zeigt durch äußere Beschreibungen die Undefinierbarkeit der Angst

1920: Die Erschütterung
- Erster Weltkrieg beschleunigt kulturelle/gesellschaftliche Transformationsprozesse → erzeugte kollektive Angst in Form von literarischer Erinnerungsliteratur
- Thema war Angst der Soldaten
- Linke Autoren (Remarque „Im Westen nichts neues") kritisieren durch Angst und Darstellung sinnloser Gewalt den Krieg, rechte Autoren stellen Angst nicht dar und heroisieren Verhalten der Soldaten
- Ängste des Weltkrieges werden bildhaft in anderen Situationen beschrieben → Großstadt und somit die diffusen Ängste im WK
  - Bsp. Kafkas „Der Bau": Maulwurf hört Geräusch in seinem Bau, hat davor Angst, sein Bau ist aber so wirr gebaut, dass er nicht weiß woher es kommt
    → Soll Schützengraben im WK symbolisieren

Nach 1945: Existenzialismus und literarische Referenzen auf Krieg, Holocaust und Terror
- Unterscheidung der literarischen Themen in 3 Kategorien
  1. Direkte Zusammenhänge mit Deutschland --> Fokus auf WW II
     - Zuerst dominierte die literarische Rekonstruktion des Krieges
     - an den Realismus angelehnte, amerikanische Short Stories, die die Nachkriegsgesellschaft nüchtern beschreiben, Deutschland ist zerrissen, moralisch gebrochen und materiell zerstört --> Trümmerliteratur
       → beschrieben werden individuelle Schicksale die sich zwischen Angst und Freiheit bewegen
     - Später werden direkte Kriegsszenarien beschrieben --> deutsche Autoren konnten nicht über Luftkrieg (Bomberangriffe gegen deutsche Städte) schreiben, da dieses Szenario zu viel Angst auslöste
  2. Fokus auf Atomkrieg gegen Japan und Spannungen USA/Sowjetunion
     - Beschreibung von atomaren Untergangsszenarien (WW III) und Angst der apokalyptischen Zerstörung der Welt
     - Angst davor, dass Krieg nicht mehr von Menschen bestimmt wird, sondern von militärisch - technischer Rationalität (Günter Grass – Die Rättin, Dürrenmatt – Winterkrieg in Tibet)
  3. Ab 1960 wird die NS – Herrschaft und ihre Eigenschaften/Auswirkungen beschrieben

> Brutalität (Außenperspektive), permanente Todesangst der Juden (Innenperspektive)
> Traumabewältigung des Holocaust

1970er und 1980er: Ökologie und Geschlechtercodierungen der Angst

- Neue Spannungsfelder beeinflussen die Literatur
  > RAF – Terror
  > Gewissheit, dass Ressourcen endlich sind und dem menschlichen Wachstum Grenzen gesetzt sind (Club of Rome)
  > Weltwirtschaftskrise und Unfälle in großtechnischen Anlagen (Tschernobyl)
- Männlich codierte Gewalt der Vernunft wird der weiblich codierten Konsequenz der totalen Naturbeherrschung entgegen gesetzt
- Literatur ist nicht nur Warnung sondern Teil eines wachsenden Spektakularismus
- Weiteres Thema in der Literatur ist durch Staatsorgane (Stasi) gesäte Angst der Überwachung → Niemand weiß genau wer wann wie von wem überwacht wird → diffuse Angst

Nach 9/11: Alarmbereitschaft, Katastrophenerwartung und Prävention

- Angst wird nicht direkt in Form der Anschläge vermittelt, sondern entsteht durch Schläfer → er unterwandert die Ortung und Ordnung des Feindes → unheimlicher politischer Feind
- Provoziert vermehrt polizeiliche/geheimdienstliche Aktivitäten → Sicherheitsparanoia
- Angst ist ein Erwartungseffekt auf etwas Bedrohliches
  > Medien und vor allem Hollywood zeigen alle möglichen Szenarien wovor man Angst haben könnte
- Da Angst auf das Kommende gerichtet ist, kann man sie sich politisch/ökonomisch zunutze machen, um Maßnahmen zu rechtfertigen die diese Angst minimieren
- Zeit nach Jahrtausendwende ist geprägt von steigender Unsicherheit (Finanzkrise, Vervielfältigung von Bedrohungen)
- Welt wird immer komplexer → Menschen können von alleine keinen Sinn/Sicherheit in sie hinein bringen → werden handlungsunfähig (Angst)
- Angst ist nicht mehr kurz/intensiv sondern lang/aber schwach

Fazit:

- Literatur kann Angst durch Beschreibungen/Szenarien sichtbar/begreifbar machen
- Literatur entlarvt Angst als Zeitphänomen

Rilke: Die Aufzeichnungen des Malte Laurids Brigge (1910)

- Alle verlorenen Ängste sind wieder da" → grenzenlose Ängste vor allem; Angst, die nicht das Leben schützt, sondern das Leben bedrohen kann; Angst der eigenen abgründigen Psyche
- autobiographische Züge, Roman spielt in Paris, schildert Leben 28 Jährigen Adligen und seine Eindrücke
- Malte zieht als Beobachter durch die Stadt → fiktive Tagebuchaufschriebe
- Subjektivierung durch Tagebuchstil → es geht um Empfindungen und Wahrnehmungen von Malte
- Tagebuchform unterstützt Fragmentarisierung der Darstellungen → keine traditionelle, geschlossene Handlung
- Subjekt fühlt sich in der Großstadt verloren
- 2 Inhaltliche Schwerpunkte:
  - ➤ Großstadterlebnisse
  - ➤ Kindheitserinnerungen
- schildert soziale Außenseiter → genauer, distanzierter Beobachter
- Malte zeigt Schwierigkeiten seiner Wahrnehmung und reflektiert diese → versucht realitätsgetreues Bild zu vermitteln und fragt gleichzeitig welche Eindrücke dafür relevant sind
- Protagonist ist nur scheinbar unbeteiligt → kann großstädtischen Leben und Eindrücken nicht entziehen und ist körperlich dadurch beeinflusst
- nächtliche Geräuschkulisse → Nacht wird zum Tag, genauso viele Geräusche, helles Licht, Grenzen zwischen Tag und Nacht verschwimmen
- entscheidend wie Malte sich den Reizen gegenüber verhält → wird von Sinneseindrücken überwältigt, hat das Gefühl, dass Autos über ihn hinweggehen → Grenzen zwischen Innen und Außen verflüchtigen sich → Charakteristisch für die Moderne, Krise des Ich, Ich verliert seine Geschlossenheit, ist durchdrungen von diesen Sinnesreizungen
- Maltes Konfrontation mit der Metropole Paris, die er als "Angriff einer neuen, unbegreiflichen Wirklichkeit" erlebt --> Ursache für Angst in der Gegenwart und Auslöser für die Flucht in Kindheitserinnerungen und dortigen Ängsten --> Malte versucht mit seinen Ängsten umzugehen, indem er sie aufschreibt
- Angst kann man bei Malte auch riechen (in der Gasse), sehen (vor einer Abrissmauer), atmen (schlafendes Kind)
- benutzt das Wort Angst in einem Satz bis zu 10 mal
- es geht darum, dass Malte existentielle Angst hat sich selbst zu verlieren (Kindheit --> setzt Maske auf und erkennt sich selbst nicht mehr)

Angst als Wirkung der Großstadt
- Roman beginnt damit, dass Malte in Paris ist und von vielen neuen Erfahrungen überwältigt wird --> kann nichts andere tun, als die Eindrücke in sich aufzunehmen und nimmt mit Augen, Ohren und Nase die Großstadt wahr
- Paris ist für ihn ein beklemmender Ort mit Krankheit, Elend und Tod

- Malte gelingt es nicht, die Einzeleindrücke sinnvoll zu einer Einheit zu konzipieren --> wirkt, als würde er die Stadt nicht begreifen können
- "Angst ist das Element, das alles ununterscheidbar durchdringt"
- Malte kann es nicht lassen bei offenem Fenster zu schlafen und setzt sich schutzlos dem Lärm der Straße aus --> Eisenbahnen nimmt Malte als etwas wahr, was in seiner Stube existiert, was in seinen Lebensraum unkontrollierbar eingedrungen ist
- Malte schafft es nicht einen Schutz gegen die Reizüberflutung der Großstadt aufzubauen und ständig wechseln innere und äußere Eindrücke --> dadurch bekommt er Panik --> Flucht in Kindheitserinnerungen
- alles was Malte schreibt, ist nur in seiner subjektiven Sicht wichtig und keine mimetische Abbildung der Wirklichkeit
- Malte wird sich in Paris seiner Armut bewusst, ihm fehlt Heimat, familiärer Rückhalt, menschliche Beziehungen, Zuversicht in sein dichterisches Schaffen, Gesundheit, Orientierung im Großstadtdschungel --> als hätte er kein Zuhause: "Ich habe kein Dach über dem Kopf und es regnet mir in die Augen"
- keine menschlichen Beziehungen in Paris und fühlt sich nach drei Wochen dort schon so verändert, dass er mit ehemaligen Bekannten keinen Sinn im Kontakt sieht, weil er ihnen fremd geworden ist
- Bindungslosigkeit --> Nährboden für Angstzustände
- Malte erlebt in der Stadt den Verlust seines Standortes in der Welt --> will nicht alleine sein, wenn er aber auf die Straße geht, verschlingt die Masse an Menschen

Angst in der Kindheit

- furchteinflößende Erscheinung einer Toten Verwandten, beklemmende Atmosphäre auf Sitz der Brahes in Urnekloster, Phantasie Maltes ausgelöst durch Fieberträume
- Alptraumhaftes Sterben des Großvaters --> Gleichsetzung mit dem Fabrikmäßigen Sterben im Pariser Hotel --> Tod in der Großstadt wie alles anonym --> unnatürlich und fremd, wie die Produktion am Fließband
- sowohl die Kindheit als auch die Großstadterlebnisse sind geprägt von einer Nicht-Bewältigung, Fehlen einer stabilen Persönlichkeitsstruktur, Gefühl fremd in der Welt zu sein
- in der Kindheit hat er Ängste zusammen mit seiner Mutter erlebt, in Paris ist er allein
- "die Angst, daß ein kleiner Wollfaden, der aus dem Saum der Decke heraussteht, hat sei, hart und scharf wie eine stählerne Nadel; die Angst, daß dieser kleine Knopf eines Nachthemdes größer sei, als ein Kopf, groß und schwer, die Angst, daß dieses Krümchen Brot, das jetzt von einem Bette fällt, gläsern und zerschlagen unten ankommen würde, und die drückende Sorge, daß damit eigentlich alles zerbrochen sei, alles für immer. Die Angst, daß er nichts sagen könnte, weil alles unsagbar ist, und die anderen Ängste, ...die Ängste." --> Malte hat schon in der Kindheit Angst und kann Erlebnisse nicht erzählen, weil ihm die Kraft fehlt, das erlebte noch einmal zu durchleben (als in der Dunkelheit unter dem Tisch aus der Wand eine Hand entgegenkam, eine größere ungewöhnlich magere Hand", vor ihr ihm graut)
- Malte versucht gegen seine Angst zu schreiben --> "Ich fürchte mich. Gegen die Furcht muß man etwas tun, wenn man sie einmal hat" und so hat er "die ganze Nacht gesessen und geschrieben" --> schreibt über den Tod, auch dieser ist von ihm stark mit Angst besetzt

Franz Kafka: Die Verwandlung (1869 – 1945)

- In den Korrespondenzen zwischen Kafka und seiner Geliebten wird deutlich, dass er ein angsterfülltes (existentielle Angst) Wesen/Leben ist/führt
  - Ist sich seiner Lage bewusst
  - Fühlt sich orientierungslos
  - Typisch für die Angst in der Moderne
- Kafkas Angst ist nach Kierkegaard definiert (Angst → Objektlos → Gegenstand der Angst ist das „Nichts" → entwickelt sich aus der Freiheit der Möglichkeiten)
  - Diese moderne Angst ist Thema in Kafkas Selbstzeugnissen
- Angst oder Artverwandte Begriffe kommen in seinen Romanen so gut wie nicht vor
- Kafka erwähnt nie direkt die Angst. Da die Angst aber körperliche Reaktionen hervorruft, ist das Beschreiben eben dieser zugleich ein Beschreiben der Angst
  - Körperhaltung, Körpergröße, Mimik, Gestik
- Kafkas extreme Raumbeschreibungen sind semantisch: sehr niedrig, beengt oder extrem hoch/weit teilweise unendlich
- Kafkas Selbstzeugnisse und Werke müssen zusammen betrachtet werden
  - In den Selbstzeugnissen spricht er direkt von seinen Ängsten, ohne aber die Auslöser/Situationen zu beschreiben
  - In seinen Werken beschreibt er direkte Situationen/Auslöser ohne die Ängste direkt zu beschreiben
  - Honegger: Kafkas Werke dienten ihm mit seinen Ängsten umzugehen
  - Begründung: Angst kann nicht in Worte gefasst werden, daher dachte sich Kafka Geschichten aus um sie zu beschreiben
- Kafka hatte ein schwieriges Verhältnis zu seinem Vater: wurde Unterdrückt und war seelisch abhängig
- Kafka hat selbst viele Ängste in sich getragen und sie zum großen Thema seiner Dichtung und Erzählung machte
  - → persönliche Tagebuchaufzeichnungen und Briefe zeigen Kafkas Angst → sagt, dass er aus Angst besteht und sie vielleicht sein Bestes ist
  - → hat Lebensangst, die alle anderen Emotionen in den Schatten stellt
  - → verschiedene Positionen der Forschung, reichen von alle Ängste in Kafkas Werken sind auch reale Ängste von ihm bis hin zu weniger starken Verflechtung des privaten und literarischen Bereiches

Die Verwandlung: Ängste

- viele verschiedene Deutungsmöglichkeiten der Verwandlung
- Verwandlung beinhaltet verschiedene Motive der Angst: Existenz-Angst, Soziale Angst, Angst vor Auflösung der bestehenden Ordnungsstrukturen, Ohnmacht, Versagensangst
- berufliche Angst
  - → Gregor Samsa ist Junggeselle und lebt mit seinen Eltern und seiner Schwester
  - → arbeitet als Handlungsreisender für Geschäft, bei dem seine Eltern verschuldet sind → gegen Arbeit und Chef hegt er eine Abneigung: "Tagaus, tagein auf der Reise. Die geschäftlichen Aufregungen sind viel größer, als im eigentlich

Geschäft zu Hause, und außerdem ist mir noch diese Plage des Reisens auferlegt, die Sorge um die Zuganschlüsse, das unregelmäßige schlechte Essen, ein immer wechselnder, nie andauernder, nie herzlich werdender Verkehr. Der Teufel soll das alles holen!" → will eigentlich nicht reisen und sehnt sich nach Ruhe, Geborgenheit und menschlicher Nähe, ist aber dem Chef gegenüber verpflichtet wegen den Schulden seiner Eltern, für die Gregor die Verantwortung übernommen hat

→ "Wenn ich mich nicht wegen meiner Eltern zurückhielte, ich hätte längst gekündigt" → phantasiert am Morgen nach der Verwandlung von einer Kündigung; kann dies aber nicht umsetzen, weil er es seinen Eltern recht machen will und den Fortbestand des Familienverbanden garantieren → fürchtet vielleicht auch, sonst von ihnen ausgestoßen zu werden, was am Ende ja auch passiert

→ hat besonders Angst seinen Vater zu enttäuschen, vor ihm zu versagen und fühlt sich diesem nicht ebenbürtig → Kafka hatte selbst problematische Vater-Sohn-Beziehung

→ eigentlich steht es gar nicht so schlimm finanziell → Vater ist zwar mit seinem eigenen Geschäft bankrott gegangen, konnte aber ein kleines Vermögen retten, vom dem Gregor nichts weiß und es erst nach der Verwandlung erfährt

- soziale Angst

  → Lebensbereich außerhalb der Arbeit ist geprägt durch Gregors Rückzug in die Einsamkeit → geht nicht aus, pflegt keine sozialen Kontakte, kaum persönliche Interessen, sehnt sich aber gleichzeitig, nach "herzlich werdendem menschlichen Verkehr" → Angst sich in der Öffentlichkeit zu blamieren, zu versagen, negativ beurteilt zu werden

  → Verwandlung ist die Steigerung der nicht stattfindenden sozialen Interaktionen → andere Menschen können ihn nicht mehr verstehen (Verlust der gesprochenen Sprache); kann nicht mehr arbeiten gehen

  → Tiergestalt als Abkehr vom menschlichen normalen Leben → Kafka: "Man kehrt zum Tier zurück. Das ist viel einfacher als das menschliche Dasein. Man fürchtet sich vor der Freiheit und Verantwortung. Darum erstickt man lieber hinter den selbst zusammengebastelten Gitter," → Gregor geschieht zwar genau das, aber trotzdem ist es keine befriedigende Lösung, sondern weiterhin komplexe Problematik und Ängste, die bis zum Ausschluss aus der Familie und bis zu seinem Tod führen

  → Angst vor jeglichen Änderungen, auch bei Kafka → Gregor muss sich eigentlich nicht mehr den tagtäglichen Veränderungen hingeben, aber neue Problematiken, mit denen er nicht klar kommt

- weitere Ängste

  → nach dem Erwachen ist Gregor eher darüber erschrocken, dass er den Wecker nicht gehört hat und deswegen den Frühzug verpasst hat, als darüber, dass er sich verwandelt hat → Pflichtbewusstsein gegenüber dem Chef und deswegen Schuldgefühle

→ Versagensagst, weil Gregor seinen beruflichen Pflichten nicht mehr
nachkommen kann, versucht sich mit vernunftorientierten Aussagen z.B. über
eine Krankenkasse, die ihm helfen kann, zu beruhigen und fühlt sich trotz der
Verwandlung ganz gut → hat Situation noch nicht begriffen

→ als Prokurist des Geschäfts plötzlich auftaucht, wird Gregor in seiner
Auseinandersetzung mit der Verwandlung gestört und bekommt Panik über
sein Unvermögen richtig reagieren zu können, um die Umstände aufzulösen →
Rechtfertigung, dass es ihm nicht gut gehe, werden von der Familie und dem
Prokuristen nicht verstanden: "Das war eine Tierstimme."

- Das Unheimliche

→ wenn etwas, das geordnet, heimelig, heimatlich und vertraut war schlägt um ins
sein Gegenteil → Verborgenes tritt hervor und entfaltet eine unheimliche
Wirkung

→ genau das passiert mit Gregor → hat zwar Tiergestalt, aber sein menschliches
Bewusstsein ist noch da

→ Verwandlung ist in seinem vertrauten Umfeld und der kleinbürgerlichen
Familie nicht fassbar und realisierbar und deswegen unheimlich → es wird nie
erklärt, warum Gregor sich überhaupt verwandelt

- Angst der Familie/Vater

→ Mutter fällt in Ohnmacht, als sie Gregor sieht; Vater wird wütend und weint
später → Angst und Entsetzen

→ Prokurist äußert nur "oh" und "uh" → Wörter des Erschreckens

→ Vater tritt die Flucht nach vorne an → treibt Gregor mit einem Stock ins
Zimmer zurück und es interessiert ihn dabei auch nicht, dass Gregor sich
verletzt; Gregor hat Angst vor seinem Vater: "Wenn nur nicht dieses
unerträgliche Zischen des Vaters wäre! Gregor verliert darüber ganz den Kopf"

→ Kontakt mit den Familienmitgliedern wird durch vom Vater zugeschlagene Tür
unterbrochen → Schwester kümmert sich am Anfang noch um ihn, nimmt ihn
später aber auch nur noch als Tier wahr

→ Ordnungssystem der Familie ist zerstört und die darf nicht nach außen
gelangen → würde ihren Ruf in der Gesellschaft auch kaputt machen, dann
wären überhaupt keine normalen Ordnungsgefüge mehr übrig

→ Vater, der eigentlich schon alt und schwach war, übernimmt wieder die Rolle
des Versorgers, die Gregor eigentlich inne hatte, wächst so und Gregor
wundert sich über "die Riesengröße seiner Stiefelsohlen"

→ Angst bei Gregor und bei Kafka selbst vor dem Vater und dessen Ansprüchen
nie genügen zu können

→ Gregors Schwester entwickelt sich zu einem lebhaften und hübschen Mädchen
→ durch Gregors Verwandlung wird sie selbstständiger und geht arbeiten

→ Mutter typisch schwach, möchte ihrem Sohn helfen, schafft das aber nicht
wirklich

Angst in der mittelhochdeutschen Epik

- Angst bis 1200 in der Epik in vier Darstellungsbereichen
    1. Stigmatisierung negativer Gegenfiguren wie Verräter oder politische Feinde
    2. im Kontext sozial untergeordneter Nebenfiguren, die lächerlich gemacht werden oder verachtet werden
    3. bei handlungsschwachen Figuren mit einer Lizenz zum Anderssein, bei weiblichen Figuren im Sinne von "Sorge"
    4. bei männlichen Protagonisten nur als Negation der Feigheit oder in Sonderräumen (Liebesangst, Unterweltsangst) --> ab dem 13. Jahrhundert auch Angst im Raum der Kindheit

Hartmann von Aue: Erec

Autor

- Hartmann von Aue (1210/1220 gestorben) → neben Wolfram von Eschenbach, Gottfried von Straßburg → bedeutendster Epiker der mittelhochdeutschen Klassik um 1200
- urkundlich nicht bezeugt → Rekonstruktion durch Nennung anderer Autoren oder seine eigenen Werke (vor allem in den Prologen, manchmal auch aus dem Textzusammenhang selbst)
- Hartmann ist Ministerialer → lebt von Diensten in Krieg und Verwaltung für einen Adligen Herrn, konkrete soziale Position konnte sehr unterschiedlich sein von niedrig bis sehr hoch → wir wissen aber nicht so genau wo Hartmann stand, aber auf jeden Fall nicht in einer ganz hohen Stellung
- war so gelehrt, dass er lesen konnte, lateinische Schulbildung, konnte aber auch französisch (Werke wurden aus dem französischen übertragen) → Ritter, der Lesen konnte, schließt sich eigentlich aus, Ritter hatte nicht zu lesen, Hartmann konnte es trotzdem → Hartmann möchte seinem Publikum entgegenkommen, das vorwiegend aus Rittern besteht, möchte Ritterwelt und klerikale Ausbildung zusammenbringen (Hartmann war vielleicht gar kein Ritter?)

Inhalt

besteht aus zwei Teilen → kürzerer erster Teil: Aufstieg des Königssohns und Artusritter Erec zu großem Ruhm und zum Erwerb der schönen Gemahlin Enide und mit Verlust dieses Ansehens endet; längerer Zweiter Teil: mühselige Wiedergewinnung der Ehre

- Eine Episode reiht sich an die andere (wie auch beim Tristan) → diese Art dominiert das frühste Erzählen → repräsentiert mündliches Erzählen, an eine Erzählung wird eine weitere Episode angehängt usw. man kann also selbst bestimmen wie weit und wie lange man erzählt
- eine Episode sticht heraus: Joie de la cort, Baumgarten → als Spiegel der gesamten Problematik, im Minnegarten eingeschlossenen Park nochmal die Episode aus dem ersten Teil wiederholt → Erec befreit symbolisch sich selbst, Thema des Werkes wird noch einmal herausgestellt, demonstriert wie eine absolute Liebe erst zur Isolation und sogar zur Vernichtung führen kann

- rehtiu vorhte --> Gottesfurcht

Der Doppelweg
- Wiederkehr des Arthushofes → Handlung die einen Bogen geht und einen zweiten Bogen geht mit dem Arthushof als Fixpunkt
- Krise von außen veranlasst, dass Ritter auszieht um das Problem zu beheben, gewinnt eine Frau und kehrt an den Hof zurück → Störfaktor beseitig, Ehre wieder hergestellt → danach zweite Schwierigkeit: Krise von Innen aus der Paarbeziehung
- Einheit von Inhalt und äußerer Form, Bedeutung der Geschichte wird deutlicher

Doppelte Angst von Enite
- Angst um Erec aber auch Angst vor Erec (bzw. Angst um sich), weil sie nicht reden darf und er sie sonst umbringt
- entscheidet sich für Angst um Erec und gibt sich dabei selbst auf und schützt lieber Erec, (Analog zur Gottesfurcht: Furcht vor Gotteswillen ist höher anzusehen als Furcht davor selbst sündig zu werden, weil das egoistisch ist)
- weibliche Idealität: Frau, die eigene Minderwertigkeit gegenüber dem Mann erkennt → Modell weiblicher Idealität über Hierarchisierung
- Für ihn will ich sterben, bevor ich sehe, wie er zugrunde geht
- Leichter ertrage ich Euren Zorn als den Verlust Eures Lebens
- sieht sich als ersetzbar, eine von vielen möglichen Frauen
- Enites Handlungen sind gleichzeitig Form von Ohnmacht durch ihre Selbstaufgabe und von Ermächtigung, weil sie Erec widerspricht
- Enite hat Angst Erec zu waren, weil er ihr mit dem Tod gedroht hat, sollte sie nicht still sein --> Enite vorhte sîne drô; immer wenn sie dann doch etwas zu ihm sagt, wird ihre Furcht erwähr:t --> sie ging zu im vorhtlîchen, oder mit vorhten, Enite ist sogar weiß von vorhten
- Enite fürchtet doppelt Erec zu verlieren --> hat Furcht ihn als Partner an Tisch und Bett zu verlieren oder hat Angst ihn im Kampf zu verlieren, weil er stirbt
- Enite muss Erecs Befehle missachten, um ihn zu retten, egal was die Konsequenzen für sie darauf sind --> ist nicht untriuwe sondern eine höhere Art von triuwe
- Enite riskiert eine Zurückweisung durch Erec und dieser macht das zumindest teilweise wahr
- Enites Furcht in der verliegen-Szene resultiert daraus, dass sie weiß, wie Erec reagieren wird, wenn sie ihn kritisiert und genau das, was sie vermutete geschieht auch
- Enite trägt Mitschuld am Verliegen, weil sie Erec nicht früher gesagt hat, wie sie darüber denkt

Erecs Angst
- hat keine Angst um Enite, sondern Angst um seine Ehre weil er nicht verlieren will, nicht Angst, dass er sterben könnte, das hat ein Held nicht
- umsichtiger Held, darf im Kampf auch Angst haben → Lockerung, wenn es Sinn macht vorsichtig zu sein, darf männlicher Protagonist Angst zeigen

- wird von Guivreit als feige betitelt, weil er nicht sofort mit ihm kämpfen möchte --> wird aber im zweiten Guivreizkampf wieder gut gemacht, bei dem Erec trotz schwerer Verletzung nicht feige handelt, was vom Erzähler betont wird
- Furcht aus berechtigter Gefahr heraus ist akzeptierbar und sinnvoll, um richtig zu handeln --> Gott zuwenden und ihn um Hilfe bitten
- Erec ist der Ansicht, dass einmal verdiente Ehre nicht wieder zu verlieren sei --> Trugschluss, der zum Verligen führt
- Erec fürchtet in erster Linie Schande und den Verlust der eigenen Ehre, manchmal aber auch den Tod im Kampf

<u>Vergleich von Erec und Enite</u>
- Enite wird bleich, ist unruhig, wird ohnmächtig
- Erec: höchstens zögern oder Unentschlossenheit im Kampf
  → beiden dient die Angst als Mittel zur Selbsteinschätzung
- Enite wird bei Hartmann mit neuen Ängsten, Erec mit neuen Aggressionen ausgestattet --> Gestalten sind reizbarer geworden
- beim Verligen scheint Enite um ihre Redegewandtheit gebracht --> bringt nur ein kurzes Wehklagen hervor, dass von Angst eingerahmt ist --> Verhältnis von Enite zu Erec hat einen ängstlichen Grundton gewonnen
- vorhte bei Enite zunächst beim Turnier nach der Hochzeit, sie freut sich über Erecs Ruhm, hat aber gleichzeitig Angst um sein Leben: sô vorhte si in unlange han, wan er den lîp ûf êre, solde wâgen sêre --> lässt aber schließlich von ihrer Klage ab und ist nur noch stolz
- in Karnant verschweigt Enite zunächst die Situation am Hofe, weil sie Angst vor Zurückweisung aber auch davor hat, dass Erec zu neuen gefährlichen Abenteuern aufbricht
- Enite fürchtet auf ihrem Ruhelager Erecs Zorn und er muss ihr daher vorher versprechen, dass er nicht zornig wird
- Erec droht Enite sogar mit dem Tod --> Spannungsabfuhr an den nächst Schwächeren
- Erec Scham beruht auf seiner Angst sozial Ausgestoßen und Ausgegrenzt zu werden
- Enite bangt um Erec, Erec bangt um seine Ehre --> Verlustangst der Frau bezieht sich auf den Mann, die des Mannes auf Ruf und die Institution des Hofes
  → vor dem Turnier nach der Hochzeit: "er vorhte den langen itewîz"
  → vor dem Guivzreiz- Kampf: "vorhte laster und den tôt"
  → nach dem Oringles-Abenteuer: ouch vorhte er in dem lande, schaden und schande, von dem lantvolke gewinnen

Männliche Reflexion aufgrund von Angst führt lediglich zu relativierender Selbsteinschätzung, weiblichen Reflexion aufgrund von Angst hat als Ziel die Selbstaufgabe

Heinrich von Veldeke: Eneasroman

Autor

- Heinrich von Veldeke: ca. 1140/50 geboren; aus einem Ministerialengeschlecht; Eventuell war er zum Kleriker ausgebildet worden; stand im Dienste der Grafen von Loon und Rieneck; starb wahrscheinlich kurz vor 1190 auf der Neuenburg bei Freyburg (Unstrut)
- Diebstahl seines zu zwei Dritteln fertigen Romanmanuskripts im Jahr 1174, das er 9 Jahre später in Thüringen zurückerhalten und abgeschlossen haben soll
- galt als Begründer der höfischen Epik, erster höfischer Roman. Vorbild von vielen anderen Dichtern
- Problematisierung des Helden → entscheidend für gesamte weitere Entwicklung, nicht nur Held, der alles kann und alles macht sondern auch Held, der Defizite kennt (Flucht aus Troja) → neuer Heldentypus, der Weg der Bewährung gehen muss
- neuer Heldentypus, Held ist nicht mehr nur ein Star (ist aber trotzdem mit allem ausgestattet was ein Held braucht, aber er lässt seine Sippe zurück)
- entstand auf Grundlage einer französischen Vorlage (Roman d'Eneas), der sich wiederrum auf die Aeneis von Vergil bezieht
- Reduktion der Götterwelt und Erweiterung der Liebeshandlung im Vergleich zur Aeneis

Inhalt

- Geschichte von Eneas und seinen Kriegern, die auf Geheiß der Götter aus Troja fliehen, um in Italien ein neues Reich zu gründen. nach siebenjähriger Irrfahrt werden sie in Karthago von der Königin Dido aufgenommen --> Dido verliebt sich in Eneas und bringt sich selbst um, als Eneas auf Geheiß der Götter wieder geht, durch Prophetin Sibylle geleitet geht Eneas in die Unterwelt, wo ihm sein Vater sagt, dass aus seinem Geschlecht der Gründer Roms hervorgehen werde. Trojaner kommen nach Latium in Italien, König Latinus will Eneas und seine Tochter Lavinia verheiraten und ihn zum Erben machen, diese ist allerdings Herzog Turnus versprochen, den Lavinias Mutter lieber als Schwiegersohn hätte, Turnus versucht seinen Anspruch kriegerisch duchzusetzen --> Zweikampf am Ende; Liebe hat Lavinia und Eneas mit ihrem Pfeil getroffen und nachdem Eneas Turnus tötet, feiern sie ein großes Hochzeitsfest, Ausblick auf die nachfolgenden Generationen schließen den Roman

Konsequenzen auf drei Ebenen der Narratologie

1. Ebene der histoire (handelnde Geschichte): Held demonstriert nicht mehr Vorzüglichkeit sondern Bewährung
2. Ebene der Figurenzeichnung: Angst → Unterweltfahrt, Liebe → neuer menschlicher, angreifbarer Held, der sich bewährend muss (Siegfried z.B. ist fast unüberwindbar)
3. Ebene des discours (erzählerische Vermittlung): Darstellung: statt auktorialer Erzähler, stellenweise aus der Sicht des Helden → Liebesmonologe mit innerer Befindlichkeit der Helden

Ängste im Eneas

<u>Unterweltfahrt</u>

- Angst beim Anblick von Sibylle --> Eneas wird als „wîgant" (Held, Kämpfer) bezeichnet um zu zeigen, dass er sonst furchtlos ist → Angst muss immer begründet sein --> Erzähler macht damit deutlich, es ist die Angst eines sonst furchtlosen Helden und nicht die eines Feiglings
- Grund für Angst wird hervorgehoben und ist eine der Situation angemessene Reaktion (Hässlichkeit Sibylles oder Charon; wenn Sibylle und Eneas am brennenden Höllenfluss Phlegeton vorbei kommen, Begegnung mit Höllenhund Cerberus)
- Angst des Helden immer gekoppelt an eine Schrecklichkeit des Anblicks --> fürchterliche Qualen, der Seelen in der höllenähnlichen Unterwelt erleiden müssen ängstigen Eneas hingegen nicht, sondern erregen Neugier und Erbarmen --> hat also eigentlich keine Höllenangst, ist nur ein bisschen entmutigt, als sein Vater Anchises ihm den Auftrag gibt, in die Unterwelt zu reisen
- Angst als eine menschliche Reaktion auf Unbekanntes und Ungewohntes, welches die menschliche Vorstellungskraft bei weitem übersteigt
- warum hat Eneas dann keine Angst (die verständlich wäre) vor der Hölle selbst? --> Angst des Helden kommt nur in Verbindung mit direkten Figuren vor oder mit Orten, die eine Grenze zur Hölle oder einem neuen Höllenbereich sind --> Angst nicht als psychischer Zustand wichtig, sondern als Kennzeichen und Signal, dass etwas vertrautes verlassen wird, um in ein unbekanntes Unheimliches vorzudringen; Angst des Helden wird zum Zeichen für zu bewältigende unheimliche gefährliche Fremde --> "wandet ime unkunt was" (bei Feuerfluss Phlegeton)

<u>Kampf und Krieg (als „verneinte" Angst)</u>

- nur in negierten Form wird von Angst gesprochen --> Eneas fürchtet sich nicht vor Strumangriffen
- Angst haben eher die Feinde, wie z.B. Camilla
- Eneas hat Angst, als er unbewaffnet von einem vergifteten Pfeil getroffen wird und als er Turnus im Zweikampf fast unterliegt --> wieder wird Eneas hier aber ausdrücklich als *wîgant* bezeichnet --> Angst fungiert wiederum als Indikator für den Ernst der Lage, deutet an, dass Eneas als Krieger ein Bewusstsein dafür hat, in welcher Gefahr er schwebt --> Angst als positive Kraft des Helden, die ihn zu besonnenem und vernünftigem Handeln anhält
- Angst erlaubt, wenn es zur Vorsicht und Besonnenheit gehört
- im Zusammenhang mit Kampf und Krieg herrscht das vertraute Bild, dass der wirkliche Held keine Angst hat
- kämpfender Held flößt dem Gegner Angst ein und schlägt ihn in die Flucht --> Angst als Gegenpol der Tapferkeit, als Zeichen von Feigheit
- manchmal haben aber auch Eneas und seine Leute Angst --> Leute haben Angst, als Eneas weg ist --> Angst zeigt Ernst der Lage aber der Erzähler bemüht sich immer, die Angst verständlich und erklärbar zu machen

Liebe (Dido, Lavinia und Eneas)

- Dido und Lavinia haben beide Angst ihre Liebe zu gestehen und Angst sie nicht zu gestehen → sind schlaflos
- Angst vor der Reaktion der Außenwelt (geben Namen von Eneas nur zögerlich preis) --> Lavinia weiß, dass ihre Mutter eigentlich will, dass sie Turnus heiratet
- Angst der Frauen wird narrativ gestaltet → bei Liebesangst eine Art Innenschau der Protagonisten, Angst muss im Zusammenhang mit Liebe nicht begründet werde, Buchstabieren des Namens, schlaflose Nächste, nicht-lineare Gedankenführung in den Minnemonologen
- Lavinia und Dido haben beide sehr ähnliche Ängste --> kreisen um die nicht einschätzbare Reaktion des Geliebten, Folgen der Liebe für eigene Person und Reaktion der Umgebung, Angst vor dem Liebesgeständnis, vor einem Verlust des Ansehens beim Geliebten oder der Gesellschaft, aber auch Angst davor die Liebe für sich zu behalten und vom Liebesfeuer verzehrt zu werden --> Dilemma, das die Frauen handlungsunfähig macht; sind schlaflos
- Lavinia fühlt zunächst Schmerz, als der Pfeil sie trifft und fürchtet, dass die heilende Salbe, von der ihre Mutter erzählte nicht existiert; nach dem brieflichen Liebesgeständnis hält sie zunächst vergeblich nach Eneas Ausschau fürchtet sie, dass er ihre Liebe nicht erwidert, deswegen beschimpft sie ihn und fürchtet wiederum, dass er davon erfährt und sie dann nicht mehr will
- Dido fürchtet sich vor dem Ende des ersten Gesprächs mit Eneas, weil sie dann den Geliebten nicht mehr bei sich hat
- unerfahrene Lavinia hat nach dem Gespräch mit ihrer Mutter große Angst vor der Minne, fürchtet, dass ihre Entscheidung für Eneas ihr Kummer bereitet, wenn er im Kampf unterliegt
- Im Zusammenhang mit der Liebe darf die Figur sagen: "Ich habe Angst", nicht mehr nur der Erzähler, der sagt: Figur X fürchtet sich --> fast eine Innenschau der Figuren
- auch für Eneas gilt das --> zeigt dieselben Symptome wie die Frauen nachdem er vom Liebespfeil getroffen wurde: hat Angst, durch den Pfeil geschwächt worden zu sein, Furcht die anderen könnten glauben dass ihn der Mut verlassen hat --> Am Ende des Minnemonologes merkt Eneas dann aber, dass die Minne seinen Mut stärkt --> liebender Held hat Angst
- typische männliche Furchten: Minne könnte ihn schwächen, Lavinias Liebe könnte nur vorgetäuscht sein, hat aber auch die anderen Ängste: soll er Liebe gestehen? hat schlaflose Nacht, Furcht, dass sich Geliebte abwendet, wenn er ihr nichts von seiner Liebe sagt
- Angst gehört zum Wesen der Liebe --> andere Angst als Angst in der Unterwelt, Angst, die ein notwendiges Durchgangsstadium zu positiven Gefühlen wie Beständigkeit und Hoffnung ist
- Minnethema im Eneas schafft Vorraussetzungen für eine erste Innensicht der Figuren, zumindest in Ansätzen eine psychologische Perspektive

Angstdarstellungen in anderen Medien
<u>manessischen Liederhandschrift: Hetzbold</u>

- Anfang 14. Jahrhundert → Autorenbild in der manessischen Liederhandschrift→ Motiv der Sauhatz (Jagd auf Eber, Hunde, Jagdgehilfen), die sehr gefährlich war
- drei Handikaps der mittelalterlichen Kunst und mittelhochdeutschen epischen Literatur im Umgang mit der Angst
    1. Angst ist nicht das eigentliche Thema des Bildes → es geht um den Liedersänger, seinen Namen, seinen Mut, Angst ist nur an den Rand gedrängtes Nebenmotiv
    2. Angst nur als Nebenfigur → sozial untergeordnet und im Kontrast zu anderen Figuren auf dem Bild → docere et delectare (Belehren oder Spaß machen), Angst erscheint am Bild so unwürdig, dass er nicht wieder gutzumachen ist (mittelalterliche Helden haben nur Schwächen, die man wieder gut machen kann, kein ängstlicher Protagonist)
    3. alle Figuren haben das selbe Gesicht, leicht lächelnd, auch der, der Angst hat → dass jemand Angst hat wird nur durch Szenerie im Bild deutlich, äußerer Anlass der Angst ist sichtbar (im Gegensatz zum Schrei), keine diffusen, sondern offensichtlicher Auslöser der Angst

<u>Edvard Munch: Der Schrei</u>

- Bild „Der Schrei" (ca. 1910) →zeigt Thema Angst auf moderne Weise → Angst ist diffus und geht nicht von etwas Bestimmtem aus → Grenzen zwischen Innen und Außen verschwinden
- Schrei beschreibt elementare, nicht objektgerichtete Angst
- Farblich dissonante und linear geschwungene Außenwelt soll die Innenwelt der Figur darstellen
- Angst wird von stellvertretenden Situationen ausgelöst
- Landungssteg ist Schwelle verschiedener Realitätsebenen
- Zeigt Angst als existentielle Grundvoraussetzung (Kirkegaard)
- Munchs Expressionismus hat Erfahrungen sozialer Gegensätze und beschleunigter Modernisierung als Grundlage